Made in the USA
Middletown, DE
27 December 2020

30255179R00066